DVD-Gesamtübersicht

Kaiserreich

Stadtjubiläum
Produktion: unbekannt, 1907
sw, mit Ton, Bearb. StadtA MA/B. Lindemann, 00:10:13
Anmerkung: im Original ohne Ton und Zwischentitel
Rechte: Verein der Freunde des Stadtarchivs Mannheim e.V. (VFS)

Luftschiff Schütte-Lanz
Produktion: Express-Film, Freiburg i. Br., 1911
sw, mit Ton, Bearb. RNF, 00:00:55
Anmerkung: im Original ohne Ton
Bezugsquelle: Bundesarchiv

Weimarer Republik

Bau der Friedrich-Ebert-Brücke
Produktion: unbekannt, unter Mitwirkung von Friedrich Rottenwallner, Mannheim, 1925/26
Kurzversion, sw, mit Ton,
Bearb. Bilfinger Berger AG, 00:13:38
Anmerkung: im Original Langfassung (00:40:28) ohne Ton
Rechte: Bilfinger Berger AG

Mannheim im Film
Produktion: Fa. Martin John & Co., Mannheim, 1926/27
sw, mit Ton, Bearb. StadtA MA/B. Lindemann, 00:08:37
Anmerkung: im Original ohne Ton
Rechte: StadtA MA

Kinderfilmfest
Produktion: unbekannt, 1929
sw, mit Ton, Bearb. RNF, 00:01:51
Anmerkung: im Original ohne Ton
Rechte: Stefan Gottwald

Harry Liedtke
Produktion: unbekannt, um 1929
sw, mit Ton, Bearb. RNF, 00:00:16
Anmerkung: im Original ohne Ton
Rechte: Stefan Gottwald

Nationalsozialismus

3 Tage in Mannheim
Produktion: Sepp Starck, Mannheim, 1938
sw, mit Ton, 00:09:49
Rechte: StadtA MA

Luftangriff auf Mannheim-Ludwigshafen
Produktion: Royal Air Force, 1943
sw, mit engl. Originalton und dt. Übers., dt. Bearb. StadtA MA/B. Lindemann, 00:06:06
Rechte: Chronos

Zwischen Fliegeralarm und Feuerpause
Produktion: Eberhard Fingado, Mannheim, 1943/44
sw, mit Ton, 00:14:28
Anmerkung: im Original ohne Ton, Vertonung erfolgte 1977/78
Rechte: VFS

Nachkriegszeit

Chronik der lebendigen Stadt 1
Produktion: Eberhard Fingado, Mannheim, 1949/50
sw, mit Ton, Bearb. RNF, 00:17:20
Anmerkung: im Original ohne Ton
Rechte: VFS

Boxkampf Walcott – Ten Hoff
Produktion: Welt im Film, Nr. 261, 1950
sw, mit Ton, 00:01:50
Rechte: Deutsche Wochenschau GmbH

Einweihung des „Friedensengels"
Produktion: Unsere Zeit, Nr. 59, 1952
sw, mit Ton, 00:00:26
Rechte: U.S. Embassy Berlin

Seppl Herberger
Produktion: Eberhard Fingado, Mannheim, 1954
sw, mit Ton, Bearb. RNF, 00:01:06
Anmerkung: im Original ohne Ton
Rechte: VFS

Am Pulsschlag einer lebendigen Stadt
Produktion: Eberhard Fingado, Mannheim, 1957
sw, mit Ton, 00:34:10
Rechte: VFS

Extra

Der neue Blick auf Mannheim
Produktion: Filmakademie Baden-Württemberg, Mannheim, 2003
Farbe, mit Ton, 00:06:49
Rechte: Stadtmarketing Mannheim GmbH

W0385227

Filmklappe – die erste!

Mit dieser Produktion wagt der Verein der Freunde des Stadtarchivs Mannheim e.V. wieder einmal etwas Besonderes: Einblicke in die kostbaren Filmschätze zu geben, die wohl behütet in den Magazinen des Stadtarchivs - Institut für Stadtgeschichte verwahrt werden. Vor über zwei Jahren schenkte uns ein Privatmann eine Kostbarkeit, Badens ältesten Film, noch dazu über das Mannheimer Stadtjubiläum von 1907. Jetzt hatte uns eine Idee gepackt: Dieses einmalige Filmdokument, das bei allen Aufführungen begeistert, wollten wir ganz bewusst bald veröffentlichen - und damit auf das anstehende Stadtjubiläum einstimmen.

Dr. Anja Gillen, Leiterin der Bild- und Filmsammlung, lädt uns nunmehr zu einer facettenreichen Filmreise durch 50 Jahre Stadtgeschichte zwischen 1907 und 1957 ein, als Mannheim heitere Tage, dunkelste Stunden und den Aufbruchgeist des Wiederaufbaus erlebte. Ihr gilt unser herzlicher Dank für Drehbuch, Regie und Aufführung! Freilich wäre die Filmreise nie bis zur Premiere gelangt, wenn wir nicht kompetente und großzügige Partner gefunden hätten. Da sind die Sponsoren, ohne die kein Zelluloidstreifen je auf DVD gebannt worden wäre, da sind die Rechteinhaber, die sich von unserer Idee anstecken ließen, da ist das Stadtmarketing, das uns seinen jüngsten Mannheim-Trailer gleichsam als Ausblick und Zusatzbonus zur Verfügung stellte. Da sind das Verlagsbüro v. Brandt und sein Gestalter Steffen Elsishans, und da ist - last but not least - das Rhein-Neckar-Fernsehen: Ohne Bert Siegelmann, Andreas Etzold und Stefanie Schmitt wäre diese Professionalität bei der DVD-Produktion nicht zu erreichen gewesen. Herzlichen Dank allen!

Verehrtes Filmpublikum! Lassen Sie sich von unserer Begeisterung anstecken und uns für eine Fortsetzung werben: Folgen Sie dem obigen Beispiel und bieten Sie Ihre Filmstreifen, die noch irgendwo auf Speichern und in Kellern schlummern, dem „Gedächtnis der Stadt", dem Stadtarchiv - ISG an. Wer weiß, was wir noch alles wiederentdecken können?

Aber jetzt: Film ab!

Dr. Ulrich Nieß
Institutsleiter
Stadtarchiv Mannheim -
Institut für Stadtgeschichte

Gerhard Widder
Vorsitzender
Verein der Freunde des
Stadtarchivs Mannheim e.V.

Inhalt

Einführung 4

1 *„Der Film lief eintönig klappernd, ohne Musik"*
Mannheims Filmgeschichte im Kaiserreich 5

2 *„... da stürmt schon der Tonfilm auf uns ein und gibt uns neue Rätsel auf"*
Mannheims Filmgeschichte in der Weimarer Republik 16

3 *„... überall in der gefällig ausgefegten Landschaft »Deutsche Menschen«"*
Mannheims Filmgeschichte unter dem Nationalsozialismus 28

4 *„Wer die Freiheit bejaht, sollte Bedenken haben beim Schrei nach dem Verbot"*
Mannheims Filmgeschichte nach 1945 36

Anmerkungen / Quellen / Literatur U5

Einführung

„Die Geschichte des Films ist der einzig sichtbare Teil der Geschichte, und in diesem Sinne ist es die Weltgeschichte, die zur Filmgeschichte gehört."[1] Freilich übertreibt der französische Regisseur Jean-Luc Godard in seiner „Einführung in eine wahre Geschichte des Kinos" die Singularität und den Stellenwert des Mediums. Aber im Kern trifft seine Aussage das, was der Film allen anderen historischen Quellen und Darstellungsformen voraus hat: Er verschafft dem staunenden Betrachter in bewegten Bildern und gegebenenfalls mit Ton einen eigenen, ganz unmittelbaren Zugang zu längst vergangenen Ereignissen, Personen und Schauplätzen.

In und für Mannheim spielt der Film eine nicht unbedeutende Rolle – und dies seit den Anfängen des Mediums überhaupt. Eine multimediale Reise in die filmische Vergangenheit der Quadratestadt erscheint daher in mehrfacher Hinsicht lohnenswert, ja eigentlich überfällig. Zum einen, weil Mannheim seit Beginn des 20. Jahrhunderts Schauplatz bewegter Bilder war und ist, Stadtbild und Stadtgeschichte frühzeitig filmisch präsentiert wurden. Andererseits hat man in unserer Stadt Filme verschiedenster Art für den lokalen oder gar (inter)nationalen Markt produziert. Wer hat zu welchem Zweck Filme hergestellt bzw. in Auftrag gegeben? Welches Genre herrschte vor? Schließlich bleibt der Blick auf die Rezeption. Betrachten wir also die Spielstätten der „filmfreudigen Stadt", die dort gezeigten Streifen und die teils breite Diskussion, die sie in der Öffentlichkeit auslösten.

Die beiliegende DVD bietet ausgewählte Filmsequenzen – u.a. aus Stadtwerbefilmen, Privatstreifen, frühen Wochenschauen, alliiertem Lehrmaterial und lokalen Dokumentationen –, die Mannheims Entwicklung ab dem Jubiläumsjahr 1907 bis in die fünfziger Jahre in bewegten Bildern lebendig werden lassen. Auch auf die Stadt der Gegenwart sei ein kurzer „neuer Blick" gewagt.

Bei der Realisierung des Publikationsprojekts „Mannheimer Filmschätze" habe ich vielfältige Unterstützung erfahren. Für kritische Lektüre des Manuskripts und wertvolle Hinweise sei den Herren Michael Caroli, Dr. Ulrich Nieß und Dr. Hanspeter Rings herzlich gedankt. Frau Kathrin Schwab bin ich für ihre Hilfe bei der Bilddigitalisierung sehr verbunden. Hinsichtlich der herstellerischen Betreuung und grafischen Gestaltung gilt es, die ebenso produktive wie angenehme Zusammenarbeit mit dem Verlagsbüro v. Brandt und Herrn Steffen Elsishans hervorzuheben. Dem Rhein-Neckar-Fernsehen, insbesondere Herrn Andreas Etzold und Frau Stefanie Schmitt, bin ich für die technische Erstellung und grafische Bearbeitung der Master-DVD zu großem Dank verpflichtet.

1

„Der Film lief eintönig klappernd, ohne Musik“[2]

Mannheims Filmgeschichte im Kaiserreich

Es begann mit einem Paukenschlag im Jahre 1907, in einer Zeit, als die Bilder gerade erst laufen lernten. Zwölf Jahre war es her, dass die Gebrüder Skladanovsky in ihrem berühmten Wintergartenprogramm dem deutschen Film den Weg geebnet hatten. Damals, 1895, konnte das Berliner Publikum 15 Minuten lang neun Kurzszenen bestaunen, die auf eine weiße Leinwand projiziert und von einem Salonorchester musikalisch untermalt wurden. Frühe Filmaufnahmen verdanken wir auch ausländischen, vor allem französischen Produktionsfirmen, die sehr bald und massiv auf den deutschen Markt drängten. So hielt beispielsweise ein Kameramann der Gebrüder Lumière im Jahre 1896 Schlossplatz und Innenstadt von Stuttgart fest.[3] Die Filmtechnik steckte noch in den Kinderschuhen. Oskar Messter experimentierte mehr schlecht als recht mit der Synchronisation von Ton und Bild. Farbe erzeugte man um die Jahrhundertwende allenfalls durch nachträgliche Kolorierung. Guido Seeber gelang zu jener Zeit einer der ersten Kameraschwenks des deutschen Kinos.

Max Skladanowsky und sein 1895 entwickelter Doppelprojektor „Bioscop“, 30er Jahre
(Inst. f. Theater-, Film- und Fernsehwiss. der Universität Köln, Theaterwiss. Slg.)

In jener filmischen Experimentier- und Ausbauphase schlägt die Geburtsstunde der Mannheimer Filmgeschichte. Am 1. Mai 1907 hält ein unbekannter Kameramann den Besuch des Erbgroßherzogs Friedrich II. und seiner Frau Hilda in der Quadratestadt fest. Das Paar war in Vertretung des erkrankten Großherzogs Friedrich I. angereist, um die „Internationale Kunst- und Große Gartenbau-Ausstellung", die anlässlich des 300-jährigen Stadtjubiläums stattfand, zu eröffnen. Mitglieder des Ausstellungsvorstands begrüßen die Gäste vor dem Rosengarten. Nach der Eröffnungsveranstaltung begibt sich die Gesellschaft auf einen Rundgang über das Ausstellungsgelände. Neben den erbgroßherzoglichen Hoheiten können wir Oberbürgermeister Otto Beck, den Gesamtleiter der Jubiläumsausstellung und Ersten Bürgermeister Robert Ritter sowie mindestens vier damalige bzw. spätere Ehrenbürger der Stadt zum ersten und einzigen[4] Mal „in Aktion" bewundern: Anna und Carl Reiß, Carl Ladenburg und Friedrich Walter. Erstmals sind auch Wasserturm und Rosengarten auf Zelluloid gebannt.

2. v. l., mit Amtskette, Oberbürgermeister Otto Beck; links hinter Friedrich II. Carl Ladenburg (StadtA MA, Bildslg., Nr. 7343)

Die Gesellschaft auf der Terrasse des Hauptrestaurants am Wasserturm: mit Hut in der Hand Bürgermeister Robert Ritter, links hinter ihm Erbgroßherzog Friedrich II., im Hintergrund die erst 1903 fertig gestellte Festhalle Rosengarten (StadtA MA, Bildslg., Nr. 7337)

Wasserturm und Friedrichsplatz mit den eigens zur Jubiläumsausstellung errichteten An- und Aufbauten (StadtA MA, Slg. Albrecht, Alb. 1441, Nr. 20)

Werbekarte der Firma Sunlicht (StadtA MA, Slg. Albrecht, Alb. 1541, Nr. 170)

Pavillon der Sunlicht-Seifenfabrik Rheinau GmbH auf der Jubiläumsausstellung (StadtA MA, Bildslg., Nr. 1792)

Weiterhin zeigt der Streifen ein damals modernes Produktionsverfahren, nämlich die Seifenherstellung der Firma Sunlicht am Fließband. Einen eigenen Glaspavillon hatte das Unternehmen dazu auf dem Ausstellungsgelände errichten lassen. Die z.T. mit Kameraschwenk durchgeführten Innenaufnahmen beweisen, dass unser früher Filmemacher sein Metier auf das Beste beherrschte. Anders als die auf beiliegender DVD festgehaltene bearbeitete Version kannte das 35-mm-Original des „Jubiläumsfilms" freilich keine Tonspur oder Zwischentitel. Über die Entstehungsumstände dieses Films können wir nur spekulieren. Unbekannt ist auch, ob er in jenen Tagen einem größeren Publikum vorgeführt wurde. Fest steht nur, dass er in den Besitz von Bürgermeister Robert Ritter gelangte. Dieser und seine Nachkommen bewahrten das wertvolle Erinnerungsstück bis in unsere Tage auf und schenkten es im Jahre 2002 dem Verein der Freunde des Stadtarchivs. Auf diese Weise ist Mannheim ein besonderes Zeugnis seiner Stadtgeschichte – und auch das älteste Dokument dieser Art in Baden – erhalten geblieben.

Die Rezeption der bewegten Bilder gehörte in den frühen Jahren ihrer Verbreitung schnell auch zum Freizeitvergnügen des „kleinen Mannes". Panoramen und Dioramen waren abgelöst worden durch den Film, der sich zunächst noch als eine Art „Wanderkino im Umfeld des Massenamüsements zwischen Jahrmarkt, Zirkus und Varieté"[5] angesiedelt sah. Doch bald schon ging die Filmwirtschaft zur Etablierung eigener, ortsfester Spielstätten über. Zunehmend professionell und international agierende Produktionsfirmen sorgten für das notwendige, breitere Angebot an Filmen, die den Theaterbesitzern nicht mehr verkauft, sondern über Verleih zur Verfügung gestellt wurden.

Mannheim verdankt sein erstes Kino der Frankfurter „Allgemeinen Kinematographischen Theatergesellschaft", die im Juni 1906 das hiesige Union-Theater gründete. Jene von dem Filmunternehmer Paul Davidson initiierte Vereinigung wurde drei Jahre später in die erste Filmaktiengesellschaft Deutschlands – die „Projektions-Union AG" (Pagu) – umgewandelt und entwickelte sich zu einem der größten deutschen Kinokonzerne. Das älteste Lichtspielhaus der Quadratestadt befand sich in einer exponierten Innenstadtlage am Rande der City, in P 6, 20. Im August 1907 sehen wir es Tonbilder, vorgeführt mit Messters Biophon,[6] anpreisen – die Gesellschaft hatte sich das Monopol für Aufführungen dieser Art in Mannheim gesichert. Eine solche Maßnahme war offenbar notwendig. Tatsächlich gab es im Jubiläumsjahr bereits vier Filmvorführstätten vor Ort. Bis 1914 stieg ihre Zahl auf 13, davon entfielen, topographisch gesehen, sechs auf die Quadrate. Die Zahl der Kinos in der Innenstadt sollte sich im Übrigen bis in die fünfziger Jahre nicht signifikant verändern – mit Ausnahme eines Rückgangs im Rahmen des allgemeinen Brancheneinbruchs nach dem Zweiten Weltkrieg. Zu den ältesten Lichtspieltheatern der Stadt zählen neben dem Union-Theater der Volkskinematograph in U 1, 6 (seit 1908) und der Centralkinematograph (Saalbau) in N 7, 7 (seit 1911).

Union-Theater in P 6, 20, 1907 (StadtA MA, Bildslg., Nr. 10343)

Kinos in Mannheim
1911–1957

(Quelle: Adressbücher)[7]

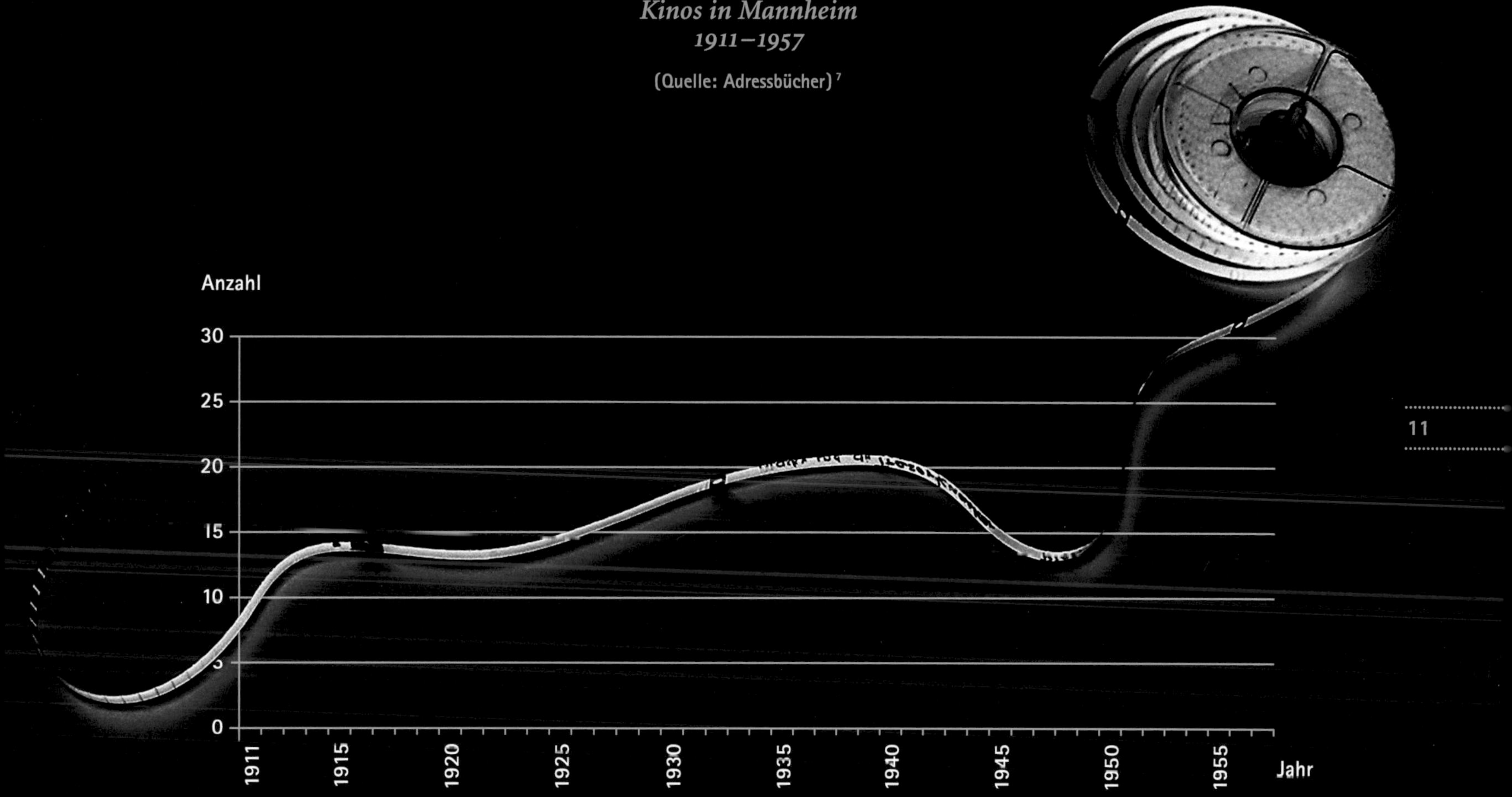

„Es ist eine Sehnsucht, die seit Aufkommen des Kinema mit der Heftigkeit meiner ehemaligen Kinderwünsche in mir lebt: Ich möchte einmal zufällig in eine Straße einbiegen, wo so eine gestellte Kinematographenszene gerade vor sich geht. Was könnte man da improvisieren! Und jedenfalls welch ein Anblick!“
(Max Brod, 1911)[8]

Was wurde also dem Publikum geboten? Das Union-Theater wartet im Jahr 1907 mit der klassischen Mischung jener Zeit auf: Aktualitäten, Reiseberichte und Possen. So weist ein Zeitungsinserat ein Programm von acht „Tonbildern“ aus, das vom „Stapellauf eines italienischen Panzers“ über „Michel auf dem Kuhhandel“ bis hin zum „Malerischen Java“ reicht.[9]

vis-à-vis Hôtel Viktoria

P 6, 20 **Kinemathographen-Theater**

Vollständig neues, hochsensationelles, sehr interessantes, reichhaltiges, erstklassiges Programm.

I. Abteilung.
1. Von Stufe zu Stufe. (Hochdramatisch.)
2. Stapellauf eines italien. Panzers (aktuell und interessant).
3. Max malt (sehr humoristisch).

II. Abteilung.
4. Der kleine Figurenhändler (wirkungsvolles, aus dem Leben gegriffenes Tableau).
5. Michel auf dem Kuhhandel (zum Totlachen).

III. Abteilung.
6. Das malerische Java (herrliche hochinteress. Naturaufnahme)
7. Teuflische Phantasien (neuester farbiger Sensationsfilm).
8. Eifersucht ist eine Plage (sehr ergötzlich.) 72075

Ununterbrochen Vorstellung von 3 Uhr nachmittags bis 11 Uhr nachts.
Vornehm eingerichtetes Theater, gute Ventilation, bequeme Sitzgelegenheit. — Erfrischungen aller Art.

Luftschiff Schütte-Lanz über Mannheim (StadtA MA, Bildslg. Nr. 16224)

Gern griff man auch die verschiedenen Ausprägungen der Industrialisierung und des technischen Fortschritts thematisch auf. In diesem Zusammenhang durfte das Faszinosum Fliegerei nicht fehlen. Ein frühes Filmdokument zu Mannheim zeigt das Luftschiff „Schütte-Lanz I“ beim Verlassen der Fertigungshalle am 17. Oktober 1911 – bereit zum ersten Aufstieg, der noch etwas unsanft mit einer Notlandung in Waldsee endete. Jene Luftschiffwerft war kurz zuvor im Rheinauer Industriegebiet als Konkurrenzunternehmen zur Zeppelinproduktion in Friedrichshafen errichtet worden. Der Streifen stammt aus der Produktion der Firma Express-Film in Freiburg i. Br., die seit November 1911 unter dem Namen „Der Tag im Film“ tägliche Aktualitäten herausbrachte. Die erste periodisch erscheinende Wochenschau eines deutschen Produzenten sollte sich allerdings erst mit Ausbruch des Ersten Weltkriegs in Form der Messter-Woche etablieren.

„Taufe" des im Bau befindlichen Luftschiffs Schütte-Lanz I im Beisein des Großherzogs Friedrich II. von Baden, 30.4.1910 (Archiv Hans Weihe, Brühl (Heimatverein))

Die Filmproduktion erlebte in jenem zweiten Jahrzehnt des 20. Jahrhunderts ohnehin einige bemerkenswerte Neuerungen. Ab 1910/11 konnten die ersten programmfüllenden Streifen in den Lichtspielhäusern präsentiert werden. Zudem beteiligten sich nun auch die Akteure der Theaterbühne – Regisseure und Schauspieler wie etwa der spätere Mannheimer Ehrenbürger Albert Bassermann – an der Herstellung von Stummfilmstreifen und lösten damit rege Diskussionen aus.[10]

„Ich kann nicht finden, daß er [= A. Bassermann; A.G.] sich durch den Seitensprung in den Kintop etwas vergeben hätte. Die Umwandlung des einen in den »Andern« war schauerlich wahr, nicht dank, sondern trotz Lindau."

(Ulrich Rauscher in der Frankfurter Zeitung v. 6. Februar 1913).[11]

Albert Bassermann in dem Film **„Der Andere"**, *unter der Regie von Max Mack nach einem Drehbuch von Paul Lindau, 1913 (Inst. f. Theaterwiss. der FU Berlin, Theaterhistor. Slg. Walter Unruh)*

Die Frage nach Stellenwert, Funktion und Eigenart des neuen Mediums Film und seiner Präsentation im Vergleich zum Theater beschäftigte früh auch die Mannheimer Kunstszene. Der Filmtheoretiker und Kunsthändler Herbert Tannenbaum (1892–1958) etwa unterstreicht in seiner 1912 erschienenen Schrift „Kino und Theater" den jeweils eigenständigen, sich unterscheidenden künstlerischen Wert der beiden Bereiche.[12] Dem Direktor der Mannheimer Kunsthalle, Fritz Wichert (1878–1951), als dessen freier Mitarbeiter Tannenbaum zeitweilig gewirkt hatte, waren die Themen Kino und Film ebenfalls ein wichtiges Anliegen. Im Rahmen seiner Denkschrift zugunsten der Einrichtung eines städtischen Lichtspieltheaters in der Kunsthalle unter Beteiligung des „Freien Bundes" im Jahre 1919 betont Wichert die Daseinsberechtigung des Kinos und seine inhärenten Möglichkeiten: „Es geht unter keinen Umständen, das Kino überhaupt [...] zu negieren [...] Es mag wahr sein, dass dem Kinematographen die Gebiete der hohen Kunst verschlossen sind. Aber es ist kein Zweifel, dass er neben der Vermittlung bildkünstlerischer Eindrücke zu erschüttern und bereichern vermag [...] Dazu kommen die grossen Möglichkeiten, die aus dem Geiste der Kinotechnik erwachsen [...] Hier ist das Gebiet, wohin dem Kino weder das Theater, noch eine andere Kunstbetätigung zu folgen vermag." [13]

Der Erste Weltkrieg brachte auch für das Medium Film und die Filmwirtschaft in Deutschland tiefgreifende und nachhaltige Veränderungen. Die „Fremdbestimmung des Dokumentarischen durch politische Institutionen und Herrschaftsapparate",[14] d.h. die systematische Vereinnahmung und Instrumentalisierung bewegter Bilder durch Politik und Staat für eigene Zwecke, nahm in diesen Jahren ihren Anfang. So wurde die Zensur durch eine zusätzliche militärische Kontrolle verschärft. Die lokalen Kinos nahm man in die Pflicht, indem sie am ersten Tag der Woche für den Heimatdienst kostenlos spielten, sprich entsprechende Propaganda- und Aufmunterungsfilme vorführen mussten. Ein Ereignis sollte besonders weitreichende Folgen zeitigen. Am 18. Dezember 1917 wurde unter staatlicher Beteiligung eine zentrale Filmgesellschaft gegründet: die „Universum Film AG" (Ufa). Sie sollte nach den Vorstellungen General Ludendorffs „nach einheitlichen großen Gesichtspunkten eine planmäßige und nachdrückliche Beeinflussung der großen Massen im staatlichen Interesse [...] erzielen." [15] Der während des Kriegs bereits einsetzende Aufschwung der deutschen Filmwirtschaft sollte sich unter dem Einfluss dieses führenden europäischen Filmunternehmens, das Produktion, Verleihgeschäft und Spielbetrieb umfasste, in der Weimarer Zeit massiv fortsetzen.

2

„... da stürmt schon der Tonfilm auf uns ein und gibt uns neue Rätsel auf"[16]

Mannheims Filmgeschichte in der Weimarer Republik

Die beginnenden zwanziger Jahre: Es war das goldene Zeitalter des deutschen Spielfilms unter maßgeblicher Beteiligung der Ufa. Welterfolge wie Ernst Lubitschs „Madame Dubarry" (1919) mit Stars wie Pola Negri, Emil Jannings oder Harry Liedtke entstanden, herausragende Regisseure wie Fritz Lang oder Robert Wiene gehörten zu den Protagonisten der so genannten deutschen Filmklassik. Nationale Produktion und Export boomten, durchschnittlich kamen jährlich 200 bis 500 Filme auf den Markt. Zahlreiche Kultur- und Lehrfilme für den Unterricht und das Kinovorprogramm entstanden. Dann die Wende: Mit der Einführung der so genannten Rentenmark und damit dem Ende der Inflation änderten sich nach 1923 die Rahmenbedingungen. Rückgang des Exports und Konzentration der Produktion auf wenige – zunächst noch wirtschaftlich potente – Firmen waren die Folge. Einige Millionen Mark verschlingende Vorzeigefilme, zunehmend auch polarisierende politische Filme wurden neben unterhaltenden Show- und Musikstreifen produziert.

Dr. Mabuse, der Spieler, Regie: Fritz Lang, 1922 (StadtA MA, Ordnungsamt, Zug. 3/1980, Nr. 41)

Mannheim in den zwanziger Jahren

Hafen mit Lagerhalle, AK m. Poststempel v. 30.11.1929 (StadtA MA, Slg. Albrecht, Alb. 1529, Nr. 10)

Friedrichsbrücke, AK m. Poststempel v. 7.8.1928 (StadtA MA, Slg. Albrecht, Alb. 1537, Nr. 290)

Breite Straße, AK m. Poststempel v. 31.3.1924 (StadtA MA, Slg. Albrecht, Alb. 1547, Nr. 28)

Hauptbahnhof, AK m. Poststempel v. 19.9.1921 (StadtA MA, Slg. Albrecht, Alb. 1439, Nr. 270)

Im Mannheim der Weimarer Zeit stand die Herstellung von Kultur- und Industriefilmen im Vordergrund. So produzierte die vor Ort in der Tullastraße 19 ansässige Filmgesellschaft „Martin John & Co." in den Jahren 1926/27 diverse Filme zu Themen rund um die Quadratestadt. Doch schon bald führten möglicherweise finanzielle Probleme zunächst zu einem Wechsel in der Firmenleitung[17] und 1929 schließlich zum Verkauf von Negativmaterial an die Berliner Firma „Helios-Film".[18] Neben der filmischen Dokumentation eines Blumenkorsos in der Mannheimer Gartenstadt verdanken wir der Firma „Martin John & Co." die Sequenzen zu **„Mannheim im Film"**.
Der Streifen sucht laut Vorspann Mannheim als Kunststadt und Handelsmetropole in Szene zu setzen. Es handelt sich hier um ein klassisches Städtebild, das – einem Postkartenalbum gleich – einzelne Ansichten aneinanderreiht und mit Zwischentiteln erläutert. Auf diese Weise werden die üblichen Sehenswürdigkeiten wie der Wasserturm oder die Friedrichsbrücke, aber auch der Hafen mit seinen Lagerhäusern und Speichern präsentiert. Die Kameraführung allerdings ist – typisch für den Dokumentarfilm der Weimarer Zeit – mit Ausnahme der Kamerafahrt auf der Breiten Straße wenig originell.

Auch auf anderem Gebiet suchte sich die Mannheimer Filmfirma zu profilieren. So wurde laut Zeitungsberichten im Jahre 1926 unter der Regie von Karl Bercher ein Film über die Versuchsschule Mannheim-Feudenheim mit dem Titel **„Die Neue Schule"** gedreht. Das Manuskript zu dem von der Stadtverwaltung angeregten und schließlich in den Alhambra-Lichtspielen uraufgeführten Schulfilm stammte aus der Feder des Leiters der Feudenheimschule, des Oberlehrers Max Enderlin.[19]

Auf die gleiche Zeit, also die Jahre 1926/27, gehen zwei weitere Produktionen jener kurzlebigen Mannheimer Filmgesellschaft zurück. Ausweislich der Akten hatten die „Städtischen Wasser-, Gas- und Elektrizitätswerke" je einen Film über **„Mannheims Stromversorgung"** und **„Moderne Gaserzeugung"** in Auftrag gegeben. Im Mittelpunkt der filmischen Darstellungen standen das erst wenige Jahre zuvor in Betrieb genommene Großkraftwerk Mannheim und das starker hessischer Konkurrenz ausgesetzte Gaswerk Luzenberg. Dank des massiven Sponsorings lokaler wie überlokaler Firmen gelang es, die Streifen zu finanzieren. Nach dem Willen der Auftraggeber sollten beide Filme in den Mannheimer Kinos, an Hochschulen und vor Fachverbänden zur Aufführung gelangen – ein hehres Ziel, das zumindest für den Film zur Gaserzeugung nicht erreicht

Oberbürgermeister Theodor Kutzer (1864–1948) (StadtA MA, Bildslg., Nr. 8272)

Bürgermeister Otto Walli (1878–1945) (StadtA MA, Bildslg., Nr. 39880)

Anzeige zur Eröffnung des Capitol (Neue Mannheimer Zeitung v. 30.12.1927)

Neben jenen Einrichtungen ließen auch vor Ort ansässige Firmen ihre Arbeit und Produkte im Film dokumentieren.[21] So ist der Bau der Friedrich-Ebert-Brücke durch die „Grün & Bilfinger AG" in den Jahren 1925/26 minutiös in bewegten Bildern festgehalten. Der Film zeigt Aufnahmen von der Großbaustelle am Neckarufer und von der Grundsteinlegung (28.11.1925), der Oberbürgermeister Theodor Kutzer und Bürgermeister Otto Walli beiwohnten. Ausführliche Zwischentitel erläutern Arbeitsfortschritt und technische Details, sogar die im Senkkasten zehn Meter unter Wasser bei künstlichem Licht durchgeführten Bodenaushubarbeiten wurden gefilmt.[22]

Die zwanziger Jahre waren auch eine Blütezeit des deutschen Kinos. Im Jahr 1925 besuchten zwei Millionen Zuschauer täglich ein Lichtspielhaus – mehr als in allen anderen Ländern Europas. In Mannheim zählte man am Ende des Jahrzehnts 16 Spielstätten. Private Initiativen standen neben Gründungen der großen überlokalen Unternehmen. Einige der bedeutendsten und langlebigsten Lichtspielhäuser gehen auf die Weimarer Zeit zurück. Georg Müller (1866–1933) gründete 1927 das Capitol. Bis 1981 verblieb das mit dem Murnau-Film „Sonnenaufgang" eröffnete Haus im Besitz der Mannheimer Kinodynastie. Der denkmalgeschützte Bau in der Waldhofstraße 2 wird noch heute für Veranstaltungen genutzt.

Grundsteinlegung zur Friedrich-Ebert-Brücke, 28.11.1925 – in der Mitte, im pelzbesetzten Mantel, Oberbürgermeister Theodor Kutzer, links neben ihm Bürgermeister Otto Walli (StadtA MA, Bildslg., Nr. 34121)

Das Colosseum, der Vorgängerbau des Capitol, um 1900 (StadtA MA, Bildslg., Nr. 22858)

Capitol, um 1928 (StadtA MA, Bildslg., Nr. 36932)

Auch das Alhambra, das 1924 von dem Mannheimer Kinounternehmer Leonhard Würthele und der „Palast AG Stuttgart“ in P 7, 5 gegründet worden war, führte seinen Betrieb bis zum Ende der neunziger Jahre fort. Mit über 1 000 Sitzplätzen zählte es in seiner Anfangszeit zu den größten Kinos der Stadt. 1928 konnte das Publikum hier sogar eine deutsche Erstaufführung erleben: **„Marquis d'Eon, der Spion der Pompadour“**[23] – eine Produktion der Münchner Filmgesellschaft „Emelka“ unter der Regie von Karl Grune. Insgesamt fanden derartige Premieren ausgesprochen selten in Mannheim statt. Unter den Städten des heutigen Baden-Württemberg war es durchweg Stuttgart, das die meisten Veranstaltungen dieser Art zu verzeichnen hatte.

Uraufführungen von Spielfilmen in Städten des heutigen Baden-Württemberg 1929–1950
(nach Bauer, Spielfilm Almanach)

	Mannheim	Stuttgart	Karlsruhe	Sonstige
1929–1933:	1	5	0	0
1933–1939:	1	15	1	1
1939–1945:	0	7	4	2
1945–1950:	3	15	3	12

Rechts: Der Schauplatz des Kinderfilmfests, die Rennwiese AK m. Poststempel v. 30.9.1901 (StadtA MA, Slg. Albrecht, Alb. 1542, Nr. 196)

Auf dem Lindenhof errichtete Franz Gottwald (1889–1972) im Jahre 1926 das Scala-Theater, das am 2. November mit dem Eröffnungsfilm **„Der Student von Prag“** den Spielbetrieb aufnahm. Der Bauherr, dem das Kino bis zu Beginn der dreißiger Jahre gehören sollte, hatte sogar im Vorfeld sämtliche Baufortschritte an dem Wohn- und Geschäftshaus in der Meerfeldstraße mit der Filmkamera dokumentieren lassen. Jene Sequenzen sind zusammen mit anderen Privataufnahmen der Gottwalds und der filmischen Dokumentation eines Kinderfilmfests aus dem Jahre 1929 überliefert. Eine Münchner Firma veranstaltete jenes Spektakel in Mannheim und anderen Städten, bannte die von den Kindern vorgeführten kleinen Spielszenen auf Zelluloid. Gottwald unterstützte die Veranstaltung und zeigte die Aufnahmen des lokalen Großereignisses auf der Rennwiese später in seinem Lichtspieltheater – ein nicht neues, aber zweifellos effizientes Mittel, um die Attraktivität der Vorstellungen für das lokale Publikum zu erhöhen.

26
27
25

28

Lichtspieltheater Scala, Lindenhof, Meerfeldstr. 56–58, nach dem 2.11.1926
Menschenmenge am Eingang anlässlich der Aufführung des Films Ben Hur
(StadtA MA, Bildslg., Nr. 39353)

Anzeige zur Eröffnung des Universum (Neue Mannheimer Zeitung v. 2. Oktober 1929)

Neben den Gottwalds, Müllers und anderen privaten Kinounternehmern durften natürlich auch die überlokal organisierten Filmgesellschaften in der Mannheimer Kinolandschaft nicht fehlen. Die Ufa beispielsweise unterhielt mit der Schauburg in K 1, 5a (seit 1925) und dem Universum in N 7, 3–4 (seit 1929) gleich zwei Lichtspieltheater am Standort Mannheim. Zur Premiere des Films „Die weiße Hölle vom Piz Palü" im Universum soll sogar Leni Riefenstahl anwesend gewesen sein.[24]

Die Ufa war es auch, der seit Ende der zwanziger Jahre eine Vorreiterrolle hinsichtlich der wohl einschneidendsten Veränderung in der Filmgeschichte der Weimarer Zeit zukam: der Einführung des Tonfilms. Erste Vorführungen mit integrierter Lichttonspur[25] waren 1922 in Berlin auf wenig Begeisterung bei der Filmwirtschaft gestoßen, auch entsprechende Versuche der Ufa drei Jahre später blieben noch unbefriedigend. Erst gegen Ende des Jahrzehnts trat der Tonfilm nach einem Umweg über Amerika auch in Deutschland seinen Siegeszug an. Mit „Melodie der Welt" von Walther Ruttmann wurde im März 1929 der erste abendfüllende deutsche Tonfilm uraufgeführt.

Sepp Allgeier fungierte als Kameramann für den Film ***„Die weiße Hölle vom Piz Palü"*** *(1929), aber auch später für Leni Riefenstahls Streifen* ***„Der Sieg des Glaubens"*** *(1933) und* ***„Triumph des Willens"*** *(1935) über die Parteitage der NSDAP. (StadtA MA, Nachlass Rudolf Ludwig Gayer)*

Autogrammstunde

Vielfältig und nicht nur positiv waren die Folgen jener Neuerung. Für den Export bestimmte Titel mussten mehrsprachig hergestellt, Tonbildanlagen in die Kinos eingebaut und Kameras in schallabsorbierende Kabinen verbannt werden. Für professionelle Stummfilmmusiker blieb oft nur die Arbeitslosigkeit. Schauspieler, deren Stimme sich als weniger geeignet herausstellte, standen am Ende ihrer Karriere. Ein solches Schicksal ereilte beispielsweise auch den zeitweise am Mannheimer Nationaltheater engagierten Harry Liedtke, als **„lächelnder Bonvivant"**[26] einer der Stars der Stummfilmzeit. Der weiter oben bereits erwähnte, aus dem Besitz Franz Gottwalds stammende Zusammenschnitt von Filmsequenzen zeigt den Schauspieler bei einer seiner Autogrammstunden.[27]

Harry Liedtke (1882–1945)

Geb. am 12.10.1882 in Königsberg; Besuch des dortigen Gymnasiums, nach kaufmännischer Lehre und Arbeit in einer Kolonialwarenhandlung Schauspielausbildung in Berlin. Engagements u.a. am New German Theatre in New York, am Deutschen Theater und am Residenz-Theater in Berlin. 1913/14 spielte er am Hof- und Nationaltheater in Mannheim. Seit 1912 im Filmgeschäft, Rollen etwa in Ernst Lubitschs Streifen „Die Austernprinzessin" und „Madame Dubarry" (1919). Am 28.4.1945 wurden er und seine dritte Ehefrau, die Schauspielerin Christa Tordy, in ihrem Wohnort Bad Saarow-Pieskow (Brandenburg) vermutlich von Angehörigen der Roten Armee umgebracht.[28]

(StadtA MA, Bildslg., Nr. 367)

In Mannheim wurden die ersten beiden **„sprechenden Filme“** im Oktober 1928 im Palast-Theater in der Breiten Straße (J 1, 6) vorgeführt, und zwar offenkundig mit Lichtton. Die „Neue Mannheimer Zeitung“ berichtet in einer für die allgemeine Aufnahme des Tonfilms typischen Mischung aus Bewunderung und Skepsis von diesem Ereignis.

„Der erste Eindruck verblüffend. Man erinnert sich an das Tonbild, die Verbindung von Kino und Grammophon. Das klappte nie. Der Sänger hatte schon längst den Mund auf der Leinwand geschlossen, da schmetterte der Schalltrichter noch frohgemut den letzten Gesangston heraus. Aber jetzt „klappt“ es nicht nur, sondern Ton und Bild, Laut und Bewegung sind ein und dasselbe [...] *Die photographierten Schallwellen, deren Bild zusammen mit dem Filmbildchen läuft und die durch eine Apparatur* [...] *in den Klang umgesetzt werden, sind ganz einfach ein Teil des Films selbst, untrennbar mit ihm verbunden, werden nicht gesondert erzeugt wie bei der Grammophonillustrierung, sondern mit dem Bild* [...] *Wir leben doch in einer aufregenden Zeit. Kaum haben wir uns von den seelischen Erschütterungen durch die Rundfunkwellen erholt und dieses Wunder in die Selbstverständlichkeiten unseres Alltags übergeführt, da stürmt schon der Tonfilm auf uns ein und gibt uns neue Rätsel auf. Wie wird, wie soll das weitergehen?“*

(Neue Mannheimer Zeitung v. 27. Oktober 1928)

Der deutsche Film, seine Produzenten und das Publikum sollten schon in naher Zukunft mit Erschütterungen ganz anderer Art konfrontiert werden: Mit der nationalsozialistischen Machtergreifung wurde das Medium in einer Weise in die politische Propaganda einbezogen, die ihresgleichen sucht. Die Einrichtung der Reichsfilmkammer, eine Novellierung des Reichslichtspielgesetzes und die zunehmende Verstaatlichung der Filmindustrie erlaubten dem zuständigen Minister Joseph Goebbels eine umfassende Kontrolle. Eskapistische Unterhaltungsfilme, technisch brillant gemachte Pseudodokumentarfilme und bewusst gestaltete, ausnahmslos politische Wochenschauen, die mit Aufmärschen und Reden durchsetzt waren, trugen das System.

Menschenmassen in der Augustaanlage anlässlich der Enthüllung des Carl-Benz-Denkmals, 16.4.1933 (StadtA MA, Bildslg., Alb. 377)

Aus Mannheim zeigten Deulig-Tonwoche und Fox tönende Wochenschau beispielsweise die Einweihung des Carl-Benz-Denkmals am 16. April 1933. Immerhin war Reichsverkehrsminister Paul Freiherr von Eltz-Rübenach eigens zu der öffentlichkeitswirksamen Veranstaltung angereist.

Doch auch die Stadt insgesamt stand einmal mehr im Mittelpunkt lokaler und auswärtiger Produktionen. Einer der rührigsten örtlichen Akteure war der Neckarauer Filmemacher Sepp Starck (1900–1983). Seit Ende der zwanziger Jahre drehte er in seiner Heimatstadt und deren Umgebung unzählige Natur- und Tierfilme. Daneben griff er in den über 50 Jahren seines Schaffens auch andere Themen, etwa die Geschichte Neckaraus, die Landmaschinentechnik oder den Brückenbau in Mannheim, filmisch auf. Im Auftrag des Verkehrsvereins stellte Starck 1938 einen Stadt-Werbefilm mit dem Titel „3 Tage in Mannheim" her. Die Umschreibung des Herschelbades mit „städt. Hallenschwimmbad" in einem der Zwischentitel kündet vom Geist jener Zeit. Eine um die Hoheitsabzeichen und Flaggen des Dritten Reiches – im Film zu sehen etwa an dem Alten Nationaltheater oder der Kunsthalle – gekürzte Fassung des Streifens kam laut Akten nach dem Krieg in Umlauf.

Sepp Starck fotografiert Lanz-Bulldogs (StadtA MA, Bildslg., Nr. 36948)

Sepp Starck (StadtA MA, Bildslg., Nr. 36898)

Auch auswärtige Filmfirmen haben das Mannheim der dreißiger Jahre in den Blick genommen. Der Berliner Produzent Hubert Schonger weilte 1934 in Vorbereitung seines Films „Die lebendige Stadt"[30] vor Ort. Jene damals gedrehten Szenen gehören zu den ältesten Filmdokumenten mit Ton, die das Stadtarchiv Mannheim aufbewahrt. Die „Neue Mannheimer Zeitung" berichtet ausführlich über die Dreharbeiten. Insbesondere die Außenaufnahmen stellten die Akteure offenbar vor immer neue Herausforderungen, die Schonger der Presse anschaulich beschreibt: „... neulich am Rhein, als wir einen Fendelschen Schleppzug aufnehmen wollten, aber Sonne und Schleppzug mit keiner Macht der Welt zusammenzubringen waren [...] Auf dem Flugplatz [...] hatten wir auch schon allerhand Abenteuer mit dem Wetter. Da drehte sich der Wind, so daß der Start von 15 Sportmaschinen auf einmal mit dem Rücken zur Kamera hätte vor sich gehen sollen, oder das große, dreimotorige Junkers-Flugzeug der Lufthansa entwickelte im Verein mit der Sonne gewissermaßen Starallüren und flog sorgfältig um unser Blickfeld herum."[31]

LANZ
LANZ

Der Zweite Weltkrieg beendete solch friedliche Kämpfe von Filmemachern in Mannheim. Zwar gaukelten die Spielfilme nach wie vor eine schöne Welt des Scheins vor, feierten Revue- und Heimatfilme weiterhin Triumphe. Daneben kamen aber auch antisemitische Hetzfilme wie **„Jud Süß"** von Veit Harlan in die lokalen Lichtspielhäuser.

Ein großes Filmereignis kündigt sich an!

Jud Süß

Regie: Veit Harlan

Ferdinand Marian - Kristina Söderbaum - Heinrich George Werner Krauß - Eugen Klöpfer

Eine schauspielerische und filmische Spitzenleistung

Nach glanzvoller Welturaufführung in Venedig und festlicher deutscher Uraufführung in Berlin in Anwesenheit von Reichsminister Dr. Goebbels

morgen Mannheimer Erstaufführung in 2 Theatern

ALHAMBRA und SCHAUBURG

Alhambra: Sonntagvorm. 11. Wiederholg.: Michelangelo

HEUTE LETZTER TAG!

Verdunklungs-Rollos Oeder, D 3 3

Radio-Reparaturen werden noch angenommen KUNZE Kaiserring 36

Achtung!

Radio reparlert Radio Klinik, L 4, 9

Das tägliche Leben des Kinopublikums war jedoch primär geprägt von den Kriegsgeschehnissen. Mannheim musste allein 151 verheerende Luftangriffe hinnehmen. Einer der schwersten, in der Nacht vom 5. auf den 6. September 1943, kostete über 400 Menschen das Leben. Die Aktion galt dem britischen Bomber Command als so erfolgreich und vorbildlich, dass sie unter dem Titel **„The night offensive"** Gegenstand eines Lehrfilms der Royal Air Force wurde.

Anzeige anlässlich der Erstaufführung des Films „Jud Süß" im Alhambra und in der Schauburg (Hakenkreuzbanner v. 11. Oktober 1940, StadtA MA, Bildslg., Dia Nr. 2759)

Blick in die Planken mit dem Kino Alhambra, 1934
(StadtA MA, Bildslg., Nr. 25236)

Allein drei von neun Kinos in der Innenstadt wurden in jener Septembernacht 1943 völlig zerstört, in vier weiteren Lichtspieltheatern ruhte der Betrieb vorübergehend. Dort eingestellter Hausrat musste zunächst beseitigt und Schutt vor dem Eingang weggeräumt werden. Doch schon bald konnte zumindest ein Teil der Häuser wieder seine Tore öffnen, konnte die unablässigen Durchhalteappelle und Siegesparolen – beispielsweise von einer Kundgebung mit Robert Ley auf dem Mannheimer Schlossplatz im November 1943 – in den Wochenschauen verbreiten.

Gloria-Kino, Schwetzingerstadt,
Seckenheimer Str. [11]–13, 15.10.1943, Foto: Richard Gorth
(StadtA MA, Bildslg., Nr. 20090)

Weitab von dieser offiziellen Berichterstattung – sozusagen „zwischen Fliegeralarm und Feuerpause" – dokumentierte ein 15-jähriger Mannheimer Flakhelfer die Kriegsereignisse auf seine Weise. Den Anstoß gab ein – nie zu Ende geführter – Wettbewerb der Reichsjugendführung der Hitlerjugend. Allein diesem Umstand verdankte der jugendliche Produzent Eberhard Fingado, ein Schüler der Adolf-Hitler-Schule am Friedrichsring, sein Filmmaterial. Der unkritische Streifen des Heranwachsenden präsentiert in Form eines Spielfilms friedlich-harmlos anmutende Alltagsszenen von der Flakstellung in Ludwigshafen-Oggersheim, unterbrochen von Fliegeralarm, Abwehrfeuer und heldenhaften Taten wie der Rettung eines verwundeten Kameraden. In dieser heroisierenden Darstellung der Flakhelfer tritt die ideologische Beeinflussung zu Tage, der die Jugend jener Zeit ausgesetzt war. Seinen besonderen dokumentarischen Wert verdankt der Film einigen heimlich gedrehten Szenen vom brennenden Mannheim. Fingado führte den unzensierten Streifen 1944 in der Kantine seiner Batterie vor.

Vom Ende jener Schreckensjahre künden in filmischer Hinsicht – in Mannheim wie in vielen anderen deutschen Städten – lediglich (vereinzelte) Aufnahmen von Kriegsberichterstattern der Alliierten.

Brennendes Mineralöllager am Verbindungskanal im Hafen, 9./10.5.1941 (StadtA MA, Bildslg., NL Otto Spuler, Nr. 373)

Flakstellung, hier: am Kuhbuckel, Blick auf die Auferstehungskirche, Abendröte 56, um 1942 (StadtA MA, Bildslg., Nr. 33857)

Blick auf das zerstörte Mannheim, vom Turm der Konkordienkirche aus (im Vordergrund: Marktplatz und Altes Rathaus), 4.10.1945 (StadtA MA, Bildslg., Nr. 28443)

Der Krieg war vorbei, das Leben normalisierte sich. Die Filmproduktion lief allmählich wieder an, national wie lokal. Ein zunächst verhängtes absolutes Betätigungsverbot wurde bald durch ein verwickeltes System von Verleih- und Produktionslizenzen ersetzt. Mit sowjetischer Lizenz nahm die DEFA im Mai 1946 in Babelsberg ihren Betrieb auf, Wolfgang Staudte produzierte dort den ersten deutschen Nachkriegsfilm „Die Mörder sind unter uns". Abgesehen von solchen Ausnahmen ließ die inhaltliche Auseinandersetzung des deutschen Films mit der NS-Zeit auf sich warten. Zwar setzten die Alliierten Wochenschau und ausgewählte Filme zur demokratischen „Re-Education" (Umerziehung) ein, doch blieb die Resonanz in der Bevölkerung hinter den Erwartungen zurück.

Die Schauburg in K1, 5, um 1947, Ausweichquartier des Nationaltheaters nach dem Zweiten Weltkrieg, Foto: Artur Pfau (StadtA MA, Bildslg., Nr. 38219)

Als erstes Mannheimer Kino eröffnete das Palast-Theater am 13. Oktober 1945 mit dem amerikanischen Film „Abraham Lincoln in Illinois". Auch andere Lichtspielhäuser nahmen den Betrieb bald wieder auf oder wurden zweckentfremdet. So nutzten die Amerikaner das Universum-Gebäude in N 7 bis 1953 u.a. als Soldatenkino, Warenhaus und zur Unterbringung von Dienststellen. Die Schauburg wurde nach 1945 zum Ausweichquartier des Nationaltheaters. Hinzu kamen vereinzelte Kinoneubauten, etwa 1948 das 1008 Sitzplätze umfassende Alster-Kino in O 3, 6–8. Bis 1955 sollte die Zahl der Lichtspieltheater auf stattliche 29 Häuser ansteigen. Mit illusionistischen Heimat- und Schlagerfilmen knüpften ihre Programme nahtlos an das Angebot der vierziger Jahre an – und kamen damit auf das Trefflichste dem Geschmack des Publikums entgegen.

N 7, 3, Juli 1950
(StadtA MA, Bildslg., Nr. 7608)

Mannheim erlebte auch wieder Uraufführungen. Am 12. Oktober 1950 fand in den Palast-Lichtspielen die Premiere des von der Münchner Firma „Pfeiffer" produzierten Streifens „Wer fuhr den grauen Ford?" statt. Unter der Regie von Otto Wernicke stellte die Filmhandlung im Wesentlichen den Mannheimer Postraub des Jahres 1949 nach, gedreht hatte man an den Originalschauplätzen. Auf die Quadratestadt als „location" griff auch so mancher Hollywoodregisseur jener Nachkriegsjahre für die eine oder andere Szene zurück – etwa Anatole Litvak in seinem Film „Entscheidung vor Morgengrauen" („Decision before dawn"; 1950) oder Howard Hawks in der Verkleidungskomödie „Ich war eine männliche Kriegsbraut" („I was a male war bride"; 1948) mit Cary Grant in der Hauptrolle.

Auch die Wochenschau-Macher blickten wieder auf Mannheim. So war ihnen der erste große internationale Boxkampf in Deutschland nach dem Krieg, den der Weltranglisten-Zweite Jersey Joe Walcott 1950 gegen den deutschen Meister Hein Ten Hoff in Mannheim bestritt, eine Nachricht wert. Mit dem wichtigen Sportereignis griff die „Welt im Film" – ursprünglich die erste britisch-amerikanische Besatzungswochenschau – eines der beim zeitgenössischen Kinopublikum beliebtesten Wochenschauthemen auf.

Spielplan der Mannheimer Film-Theater

PLANKEN Lichtspiele
Tel. 52000 Vorverkauf ab 10 Uhr
HEUTE PREMIERE! 13, 15, 17, 19, 21 Uhr
Ein großer Film aus unserer Zeit
MARIA SCHELL
IN EINEM FILM VON HELMUT KÄUTNER
MIT BERNHARD WICKI
BARBARA RÜTTING
CARL MÖHNER
DIE LETZTE BRÜCKE
Das Schicksal einer tapferen, liebenden Frau zwischen den Fronten der Männer
Die stärkste Rolle von Maria Schell
die für diese überragende Leistung in Cannes als beste Schauspielerin ausgezeichnet wurde.
Die Presse nennt dieses unerhört eindringliche Werk den besten deutschsprachigen Film seit 1945
Jugendliche ab 14 Jahren zugelassen

PLANKEN
Sonntag vorm. 11.00 Uhr letztmals!
Schicksal und Vermächtnis
Soldatengräber vom Nordkap b. Nordafrika

PALAST THEATER
J 1, 6, Breite Str. - Tel. 50276
Paul Hörbiger, Sonja Ziemann
Rudolf Prack, Lucie Englisch
Gretl Schörg, H. Richter, K. Zehe
In Neuaufführung
Schwarzwaldmädel
Der Farbfilm, der Millionen begeisterte
Erstaufführung — Randolph Scott in dem Abenteuerfilm
Land der Banditen
Der Farbfilm von Walt Disney
Das hölzerne Bengele (Pinocchio)
Vorverkauf läuft

Gartenstadt
EIN LEBEN FÜR DO
FREYA SAALBAU
GEHEIMWELLE 505
Hans im Glück
SAALBAU Waldhof
Der neue Sheriff
Nach dem Roman von A. Dumas
Die Legion der Verdammten
Filmpalast Neckarau
Die kleine Stadt will schlafen geh'n
Die Todesbucht von Louisiana
ENTGLEISTE MENSCHEN
FERRY NECKARAU
SÖHNE DER GRÜNEN HÖLLE
NT NECKARAU-ALMENHOF
Die Filmsensation des Frühjahres!
ZUR LIEBE VERDAMMT
Der Glöckner von Notre Dame
FILMBÜHNE FEUDENHEIM
Gesetz d. Peitsche

UNIVERSUM
zeigt ab heute in Uraufführung
Gustav Fröhlich - Maria Holst
Susi Nicoletti - Karl Schönböck
Hannelore Bollmann - Oskar Sima
Gunther Philipp
in einem Film voller Schmiß und Temperament
Rosen aus dem Süden
Ein Film voller Fantasie und Charme, mit großen Revueszenen und schönen Frauen
Die Hauptdarsteller des Films
Gustav Fröhlich - Susi Nicoletti - Hannelore Bollmann
und der Komponist Lotar Olias
sind am Samstag zu den Vorstellg. 17.30 u. 20.30 Uhr
und am Sonntag z. d. Vorstllg. 15.00, 17.30 u. 20.30 Uhr
persönlich anwesend

HEUTE PREMIERE: Alhambra
Ein unvergeßlicher Film – Ein unvergeßliches Gesicht:
Etchika Choureau
Mutig
Erstrangig
Realistisch
Kinder der Liebe
mit Jean - Claude Pascal - Lise Bourdin - Joëlle Bernard
Hier steht ein Frauenschicksal für Millionen als Mahnung und Appell! — Treffend gezeichnet und überwältigend in Thema, Handlung und Spiel!
Regie: Leonide Moguy - Er spricht unverblümt aus: worüber sonst nur getuschelt wird!
Die liebestolle Stadt
Auf Tierpfaden

Die KAMERA am Ring
Ein Welterfolg internationaler Spitzenklasse — von dem Meisterregisseur
AUGUSTO GENINA in Szene gesetzt
GINO CERVI — E. ROSSI DRAGO
ANTONELLA LUALDI
Hemmungslos
Drei verbotene Geschichten
HEMMUNGSLOS
als Kind vergewaltigt, im goldenen Käfig verheiratet, dem Rauschgift rettungslos verfallen
VORVERKAUF AB 13.00 dringend empfohlen
Jugendverbot

Die KURBEL
zeigt in Erstaufführung:
MÖRDER OHNE MASKE
Rob. Mitchum, Linda Darnell
Jugendverbot!

ALSTER
2. WOCHE!
Der Triumph des CinemaScope Verfahrens bestätigt sich!
MARILYN MONROE
BETTY GRABLE - LAUREN BACALL
in
Wie angelt man sich einen Millionär
(„HOW TO MARRY A MILLIONAIRE")
mit
William Powell - David Wayne
Rory Calhoun - Cameron Mitchell
Regie: Jean Negulesco
Ein Farbfilm der 20th Century Fox in CinemaScope
Täglich: 13.45 16.00 18.15 20.30 Uhr
(Jugendliche ab 10 Jahren zugelassen)
Freitag 22.45 - Samstag 22.45 - Sonntag 10.45
LA FEMME DU BOULANGER
(DIE FRAU DES BÄCKERS)
Der große Marcel-PAGNOL-Film mit RAIMU

CAPITOL
Am Meßplatz
HEUTE LETZTER TAG
RANDOLPH SCOTT
Rivale und Verräter
Tempo, Sensation und Abenteuer
Beginn: 14.00 16.30 19.00 und 21.00 Uhr
AB SAMSTAG 1. MAI
Der größte „Reißer" seit Jahrzehnten
Paul Christian-Hubschmid
panik in new-york
Regie: Eugene Lourie
Beginn: 14.00 16.30 19.00 und 21.00 Uhr
NUR FREITAG 23.00 UHR
SWING-COCKTAIL

Mittelstraße 41
Nur noch bis einschließlich 1. Mai
HARDY KRUGER, LISELOTTE PULVER
ICH und DU
Beginn: 14.00 18.50 20.30 Uhr

ODEON G 7, 10
Ein Farbfilm der Sensationen
IM BANNE DES TEUFELS
ALAN LADD VIRGINIA MAYO
ZENTRAL
DER PRINZ VON BAGDAD
Rückkehr v. Jesse James

Tausende lesen täglich die Kleine
AZ-KLEINANZEIGE

..macht die Seele frisch und frei!
Nimm
Frauengold
—und Du blühst auf!
In Apotheken, Drogerien und Reformhäusern

Aktuelles Kinoprogramm
(Allgemeine Zeitung v. 30. April 1954)

Überlokale Beachtung fand auch der Besuch des Bundeskanzlers Konrad Adenauer in Mannheim anlässlich der Einweihung des so genannten Friedensengels von Gerhard Marcks. „Unsere Zeit“ berichtet von der Veranstaltung, die im Beisein führender Vertreter aus Politik und Kirche am Volkstrauertag des Jahres 1952 (16.11.) stattfand.[33]

Konrad Adenauer bei der Einweihung des Mahnmals „Friedensengel“ von Gerhard Marcks (StadtA MA, Bildslg., Nr. 8218)

Zwei Kinoereignisse ließen Anfang der fünfziger Jahre in besonderer Weise die öffentliche Diskussion in Mannheim hochkochen. In dem einen Fall war es der Regisseur Veit Harlan, dessen höchst problematische nationalsozialistische Vergangenheit verschiedenste gesellschaftliche Gruppen auf den Plan rief. Allerdings blieb der Demonstrationsaufruf von Gewerkschaften, Jugendverbänden und Parteien gegen die Aufführung seines Films „Hanna Amon" ohne breitere Resonanz.

Demonstration anlässlich der Aufführung von „Hanna Amon" im Alhambra, 18. März 1952, Foto: Hans Roden (StadtA MA, Bildslg., Nr. 26937)

Hermann Heimerich
ca. 1945–1948
(StadtA MA, Bildslg., Nr. 13123)

Der zweite Film, „Die Sünderin", erregte infolge seiner umstrittenen Inhalte die Gemüter. Kirchen und Verbände, Parteien und Einzelpersonen erwarteten vom Stadtoberhaupt ein Einschreiten gegen einen Film, der die Prostitution verharmlose, freie Liebe und wilde Ehe verkläre, die Tötung auf Verlangen gutheiße und Selbstmord als Ausweg aus sozialen Schwierigkeiten aufzeige.

„Welche Achtung werden durch die Zulassung des Schundfilms »Die Sünderin« die andern Städte und Länder vor unserer Stadt und ihrem Oberhaupt haben? [...] Sind Sie nur der Oberbürgermeister einer sittenlosen Masse?"
(Brief an Oberbürgermeister Hermann Heimerich v. 9. März 1951)

„Man zeigt bereits wieder Kriegsfilme [...] Das ist natürlich vollkommen in Ordnung, aber so eine kleine harmlose Sünderin [...] – ans Kreuz mit ihr!"
(Rhein-Neckar-Zeitung v. 14. März 1951)

„Wer die Freiheit bejaht, sollte Bedenken haben beim Schrei nach dem Verbot."
(Allgemeine Zeitung v. 10./11. März 1951)

Wiewohl Oberbürgermeister Hermann Heimerich (1885–1963) im Fall Harlan keinen Zweifel an seiner ablehnenden Haltung ließ, sahen die Behörden in beiden Fällen keine Rechtsgrundlage für entsprechend rigide Maßnahmen. So kamen sowohl „Die Sünderin" als auch „Hanna Amon" in die Mannheimer Kinos.

Viele deutsche Städte richteten in jenen Jahren der Nachkriegszeit den Blick auf Werbefilme, in denen sie ihre wirtschaftlichen Aufbauleistungen und die Eigenarten ihrer Industrie betonen konnten. Schon zu Beginn der fünfziger Jahre wurden an die Stadt Mannheim eine ganze Reihe solcher Filmprojekte seitens auswärtiger und einheimischer Firmen herangetragen. Einer der engagiertesten lokalen Filmemacher war der bereits erwähnte Eberhard Fingado.

Links: Eberhard Fingado, 60er Jahre
(StadtA MA, Bildslg., Nr. 41431)

Trümmerbahn vor dem Postamt in O 2,
Kran beim Aufladen von Schutt, Januar 1947,
Foto: Hans Roden
(StadtA MA, Bildslg., Nr. 29907)

Eröffnung der Nationaltheater-Tombola,
26.4.1952
(StadtA MA, Bildslg., Nr. 6059)

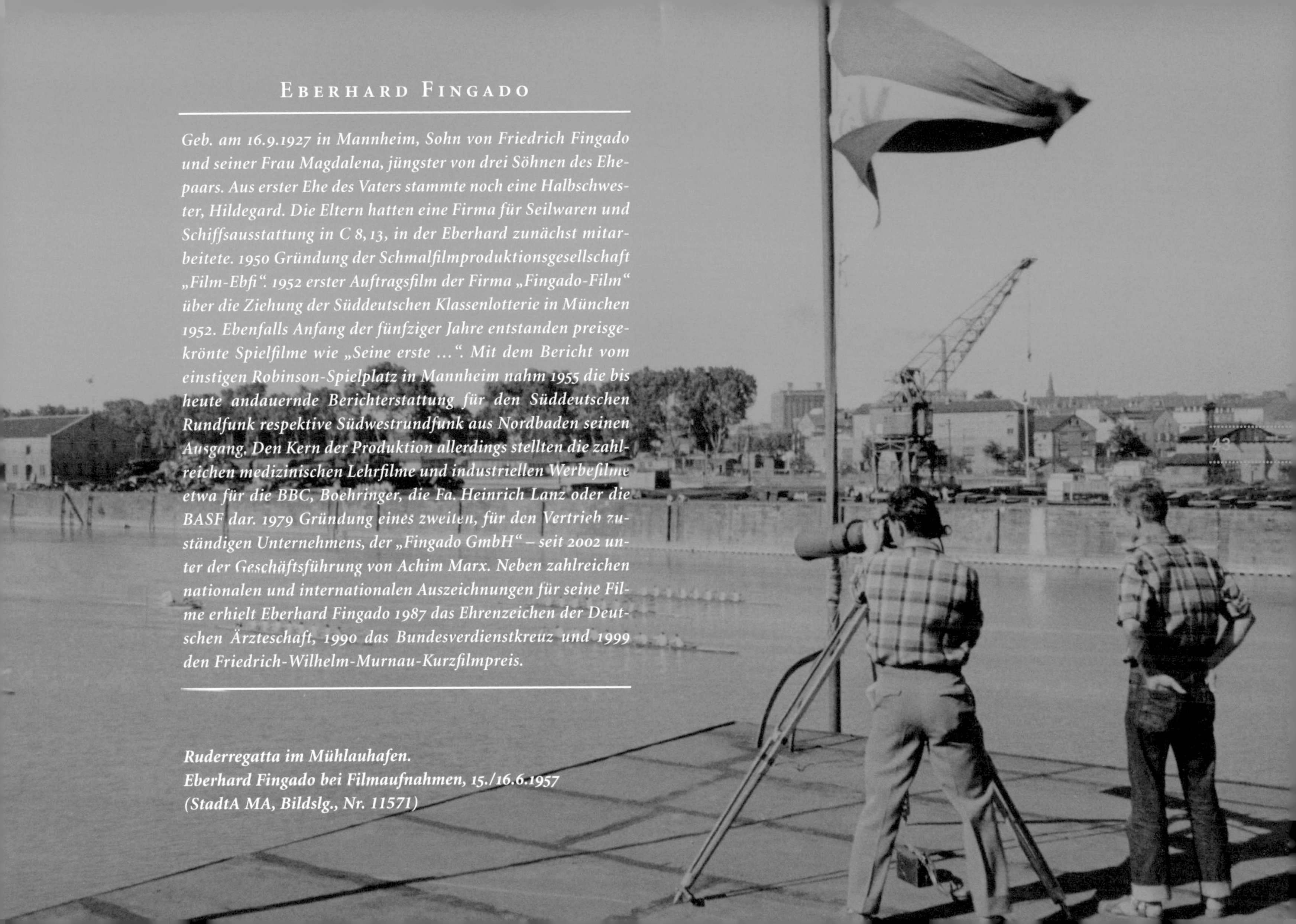

Eberhard Fingado

Geb. am 16.9.1927 in Mannheim, Sohn von Friedrich Fingado und seiner Frau Magdalena, jüngster von drei Söhnen des Ehepaars. Aus erster Ehe des Vaters stammte noch eine Halbschwester, Hildegard. Die Eltern hatten eine Firma für Seilwaren und Schiffsausstattung in C 8, 13, in der Eberhard zunächst mitarbeitete. 1950 Gründung der Schmalfilmproduktionsgesellschaft „Film-Ebfi". 1952 erster Auftragsfilm der Firma „Fingado-Film" über die Ziehung der Süddeutschen Klassenlotterie in München 1952. Ebenfalls Anfang der fünfziger Jahre entstanden preisgekrönte Spielfilme wie „Seine erste …". Mit dem Bericht vom einstigen Robinson-Spielplatz in Mannheim nahm 1955 die bis heute andauernde Berichterstattung für den Süddeutschen Rundfunk respektive Südwestrundfunk aus Nordbaden seinen Ausgang. Den Kern der Produktion allerdings stellten die zahlreichen medizinischen Lehrfilme und industriellen Werbefilme etwa für die BBC, Boehringer, die Fa. Heinrich Lanz oder die BASF dar. 1979 Gründung eines zweiten, für den Vertrieb zuständigen Unternehmens, der „Fingado GmbH" – seit 2002 unter der Geschäftsführung von Achim Marx. Neben zahlreichen nationalen und internationalen Auszeichnungen für seine Filme erhielt Eberhard Fingado 1987 das Ehrenzeichen der Deutschen Ärzteschaft, 1990 das Bundesverdienstkreuz und 1999 den Friedrich-Wilhelm-Murnau-Kurzfilmpreis.

Ruderregatta im Mühlauhafen.
Eberhard Fingado bei Filmaufnahmen, 15./16.6.1957
(StadtA MA, Bildslg., Nr. 11571)

Unter der Ägide Fingados entstanden denn auch in den Jahren 1949 bis 1953 die ersten filmischen Dokumentationen des Wiederaufbaus in Mannheim unter dem Titel „Chronik der lebendigen Stadt" bzw. „Im Pulsschlag der lebendigen Stadt". Neben dem von Kriegszerstörungen geprägten Stadtbild präsentieren sie wichtige lokale Ereignisse der Nachkriegszeit. So können wir etwa den Empfang des deutschen Fußballmeisters VfR Mannheim 1949 miterleben, ebenso die Einweihung der Kurpfalzbrücke 1950, der neben Oberbürgermeister Hermann Heimerich auch Bundespräsident Theodor Heuss, der Mannheimer Bundestagsabgeordnete Carlo Schmid und Prälat Joseph Bauer beiwohnten.

VfR Mannheim, Deutscher Meister 1949 (StadtA MA, Slg. Albrecht, Alb. 1543, Nr. 65; ebd., Bildslg., Nr. 6513)

Rechts: Einweihung der Kurpfalzbrücke, 31.8.1950. Im Vordergrund, v.l.: Oberbürgermeister Hermann Heimerich, Bundespräsident Theodor Heuss, Bürgermeister Jakob Trumpfheller (StadtA MA, Bildslg., Nr. 40102)

Last, not least filmte Fingado den Empfang des Bundestrainers Seppl Herberger (1897–1977) und des Schiedsrichters Emil Schmetzer (1908–1988) durch den Ersten Bürgermeister Jakob Trumpfheller (1887–1975) wenige Tage nach der gewonnenen Fußballweltmeisterschaft, dem so genannten Wunder von Bern im Juli 1954.

V.l.n.r.: Schiedsrichter Emil Schmetzer, Bundestrainer Seppl Herberger und Bürgermeister Jakob Trumpfheller (StadtA MA, Bildslg., Nr. 6543)

Nationaltheater, Neues Haus, um 1957 (StadtA MA, Bildslg., Nr. 10188)

Als nun die Stadt 1957 zu ihrem 350. Jubiläum – neben der Curt-Oertel-Produktion über das Mannheimer Nationaltheater – einen „Dokumentarschmalfilm über Mannheim für Werbungs- und Informationszwecke" anstrebte, erschien Fingado geradezu prädestiniert für diese Aufgabe. Aus Kostengründen entschied man sich für einen Schwarz-Weiß-Film, etwa 30 Minuten lang sollte er sein. Das im Zusammenwirken der „Film-Ebfi" und der Stadtverwaltung erarbeitete Werk mit dem Titel „Am Pulsschlag einer lebendigen Stadt" zeigt u.a. den Hafen – für die Gestalter zusammen mit der Industrie das die Quadratestadt prägende Element –, das gerade neu eröffnete Nationaltheater und eine Szene mit dem Maler Rudi Baerwind. Letztere musste nach dem Willen der städtischen Verantwortlichen gekürzt werden, da „... diese Darstellung einen äußerst schlechten Eindruck von der modernen Malerei hinterläßt. Es ist ein wilder Mann zu sehen, der in ganz kurzer Zeit mit großen Strichen eine Leinwand behandelt. Beim Beschauer wird das Gefühl entstehen, daß er sich immer vorgestellt habe, daß gerade so moderne Bilder entstehen." [34]

Rudi Baerwind in seinem Atelier, um 1950 (StadtA MA, Bildslg., Nr. 619)

Mit diesem zweiten Jubiläumsfilm endet unsere filmische Zeitreise durch ein halbes Jahrhundert Mannheimer Geschichte. Persönlichkeiten von nationalem Interesse haben die Filmemacher in Mannheim begleitet, vom badischen Erbgroßherzog Friedrich II. bis zu Bundeskanzler Konrad Adenauer, vom Stummfilmschauspieler Harry Liedtke bis zu Bundestrainer Seppl Herberger. Die Stadt selbst mit den sie prägenden Sehenswürdigkeiten und Industrieanlagen stand vor der Kamera in den bewegten Bildern einer Firma „Martin John & Co.", eines Sepp Starck oder Eberhard Fingado. Industrie- und Werbefilmen, später und nur vereinzelt auch Spielfilmen bot sie die Kulisse. Pagu und Ufa, Georg Müller oder Franz Gottwald präsentierten in einer durchweg stattlichen Zahl von Lichtspielhäusern auf technisch oft aktuellstem Stand das gängige Programm. Die Palette reichte von varietényahen Kurzszenenfolgen der Frühzeit über abendfüllende Stumm-, später Tonfilme, propagandadurchsetzte Wochenschauen bis hin zu den politisch wie moralisch polarisierenden Spielfilmen der fünfziger Jahre.

Internationale Filmfestivals und Multiplex-Kinos, modernes Stadtmarketing und mediale Konkurrenz sollten neue Aspekte und veränderte Rahmenbedingungen für die „filmfreudige Stadt" mit sich bringen – Haltestellen einer weiteren filmischen Zeitreise, die anzutreten sich lohnen würde.

THE END

Freunde des Stadtarchivs Mannheim e.V.

Der Verein der Freunde unterstützt aktiv die Arbeit des Stadtarchivs-ISG, das sich in seiner bald 100-jährigen Geschichte von einer zentralen Dokumentationsstelle zur modernen und leistungsfähigen Dienstleistungseinrichtung entwickelt hat.

Der Verein fördert die Tätigkeit des Archivs ideell und finanziell: Er unterstützt die Durchführung von Vorträgen, Filmveranstaltungen, Führungen und historischen Stadtrundgängen, aber auch die Herausgabe von Publikationen. Er hilft beim Ankauf seltener Archivalien und der Finanzierung von Restaurierungsarbeiten. Vereinsmitglieder übernehmen aber auch ehrenamtliche Arbeiten direkt beim Stadtarchiv-ISG.

Die Aktivitäten des Stadtarchivs-ISG finden in der Öffentlichkeit wachsende Anerkennung und sollen unter Mithilfe des Vereins der Freunde weiter verstärkt werden. Eine besondere Herausforderung stellt dabei das 400-jährige Stadtjubiläum im Jahr 2007 dar, wenn die Stadtgeschichte in erhöhtem Maß in den Blick der Öffentlichkeit rückt.

Sie können Mitglied werden oder den Verein durch Spenden unterstützen. Sie können aber auch selbst aktiv im Verein oder als ehrenamtliche Kraft beim Stadtarchiv-ISG mitarbeiten.

Gerhard Widder, Vorsitzender

Was erhalten Sie als Mitglied des Vereins der Freunde des Stadtarchivs Mannheim e.V.?

Sie

- werden zu den Veranstaltungen des Stadtarchivs-ISG eingeladen
- erfahren von seinen Neuerscheinungen
- erhalten regelmäßig Informationen über seine Tätigkeit
- können die „Kleinen Schriften des Stadtarchivs" mit 40% Rabatt, die Reihe „Stadtgeschichte digital" mit 25% Rabatt abonnieren
- sind von allen Archivgebühren befreit, sofern Sie für heimat- oder familienkundliche Zwecke das Stadtarchiv-ISG nutzen wollen
- erhalten am Jahresende eine kostenlose, attraktive Jahresgabe